Marília bela

Ruth Rocha

Marília bela

Ilustrações de Helena Alexandrino

SALAMANDRA

Texto © Ruth Rocha.
Editora Salamandra, 2012: 1ª edição reformulada
Publicações anteriores:Editora Frezo, 2001: 1ª edição;
Editora Nova Fronteira, 2006: 2ª edição
Ilustrações © 2012 Helena Alexandrino

COORDENAÇÃO EDITORIAL
Lenice Bueno da Silva

ASSISTENTE EDITORIAL
Danilo Belchior

PROJETO GRÁFICO
Traço Design

DIGITALIZAÇÃO DE IMAGENS
Angelo Greco

IMPRESSÃO
PSP Digital

LOTE
290039

Dados Internacionais de Catalogação na Publicação (CIP)
(Câmara Brasileira do Livro, SP, Brasil)

Rocha, Ruth
  Marília bela / Ruth Rocha;
ilustrações de Helena Alexandrino. — São Paulo :
Salamandra, 2012.

  ISBN 978-85-16-08170-6

  1. Literatura infantojuvenil
I. Alexandrino, Helena. II. Título.

12-01475   CDD-028.5

Índices para catálogo sistemático:
1. Literatura infantil 028.5
2. Literatura infantojuvenil 028.5

Editora Moderna Ltda.
Rua Padre Adelino, 758 - Belenzinho - São Paulo / SP - Cep: 03303-904
Vendas e Atendimento:
Tel.: (11) 2790-1300 Fax: (11) 2790-1501
www.salamandra.com.br
Impresso no Brasil / 2020

Meu nome é Marília.

Eu tenho 8 anos.

Eu nasci em Portugal, mas vim para o Brasil quando eu ainda era bem pequena.

Moro numa cidade muito bonita, chamada Vila Rica.

É uma cidade cheia de ladeiras e de igrejas.

As igrejas são muito lindas!

Tem umas que são todinhas de ouro por dentro.

Aqui em Vila Rica tem muito ouro!

Muitas pessoas procuram ouro nos morros em volta da cidade.

Uma vez, eu fui com meu pai a um garimpo, que é como se chama o lugar onde as pessoas procuram ouro. Lá, eu vi o ouro do jeito que eles tiram da terra.

Ninguém vai acreditar, mas o ouro, quando sai da terra, sai preto.

As meninas, aqui em Vila Rica, não estudam. Só aprendem a costurar, bordar e fazer rendas.

Mas meu pai quis que eu aprendesse a ler e a tocar piano. Tenho uma professora, francesa, que vem aqui em casa me dar aulas. Eu já sei ler direitinho e estou até escrevendo essas coisas neste caderno. E já toco umas musiquinhas no piano.

Eu gosto muito de brincar.

Eu brinco com as bonecas, faço roupinhas pra elas, faço chapeuzinhos e tudo!

Eu tenho uma prima, que é muito minha amiga e que se chama Carolina.

Nós brincamos de fazer chá de bonecas; eu faço o chá direitinho no meu bulinho e peço pra Januária que ela faça um bolo em pedacinhos, como se fosse um chá da mamãe.

Eu gosto muito de brincar no quintal. Lá tem uma mangueira muito grande! O Benedito fez pra mim um balanço pendurado na mangueira. Eu e a Carolina nos balançamos muito no balanço. E jogamos peteca e brincamos de esconder.

Nós gostamos muito, também, de subir na mangueira e ficar espiando o quintal do nhô Gaudêncio, que é encostadinho no nosso. Lá, sempre tem muita gente.

De dia, a gente fica olhando de cima da mangueira.

De noite, a gente fica espiando pela gelosia; às vezes a gente abre um pouquinho a janela, para poder ver melhor.

E então a gente vê uns moços, outros mais velhos que chegam.

Todos homens: uns de carruagem, outros a pé.

Tem uns que chegam de cadeirinha, carregados pelos escravos.

Eu tenho muita pena dos escravos.

Tem gente que maltrata muito os escravos.

Na minha casa, meu pai não deixa que ninguém bata neles, ou grite com eles.

Mas deve ser muito ruim não poder ir pra onde a gente quer.

É verdade que eu não posso ir aonde eu quero. Mas um dia eu vou poder.

Às vezes eu e Carolina vamos com mamãe e papai aos saraus na casa do nhô Gaudêncio e nhá Maria Santa, bem ao lado da nossa casa. Um sarau é uma reunião de pessoas, uma espécie de festa. Só que nos saraus as pessoas cantam e recitam poesias para todos verem.

Nos saraus da casa do nhô Gaudêncio, sempre vão aqueles moços, que eu vejo chegarem de noite.

Eles recitam versos. Às vezes são versos muito bonitos.

Uma vez eu e Carolina achamos muita graça, porque um deles recitava uma poesia, muito sério. E toda hora ele dizia:

Glaura, Glaura, não respondes?

Falava mais um pouquinho e repetia:

Glaura, Glaura, não respondes?

11

Eu e Carolina rimos muito e uma perguntava para outra:

— Por que será que a Glaura nunca responde?

Tem um deles que recita versos muito lindos, e no meio dos versos tem sempre o nome de Marília.

Eu não entendo muito bem,
mas um dia eu compreendi:

Marília bela,
do céu de estrela...

Fiquei vermelhinha!
Será que era comigo?
Outra vez o mesmo moço recitou:

Graças, Marília bela
graças à minha estrela!

Eu nunca disse pra ninguém que eu acho que os versos são pra mim... Não disse nem pra Carolina!

Eu gosto dessas festas. Mas eu gosto mais ainda das brincadeiras no quintal: jogar bola, amassar barro pra fazer tigelinhas, e subir nas árvores, pra pegar frutas. No meu quintal tem goiaba, tem araçá, tem gabiroba...

E tem as mangueiras, que dão as mangas mais deliciosas.

Eu e Carolina estamos sempre em cima da mangueira grande. Por causa disso, um dia, aconteceu uma coisa que eu nunca, nunca vou esquecer.

Nós estávamos tentando chegar na ponta de um galho que fica pra lá do muro, já na casa de dona Maria Santa.

Aí nós fomos indo, fomos indo, e Carolina bateu com a mão numa casa de marimbondos.

Você já viu uma?

É uma bola preta, cheinha de insetos bravíssimos. Se você encosta nela, na mesma hora saem os marimbondos e começam a morder quem estiver por perto.

Quando nós ouvimos o zumbido dos bichos, Carolina gritou:

— Marimbondos!

Nós nem precisamos conversar.

Na mesma hora pulamos da árvore para o quintal do vizinho.

Mas os marimbondos vieram atrás.

Então nós corremos e corremos em direção à casa. Graças a Deus, a porta da cozinha estava aberta.

Tinha um moço na porta que quis segurar a gente, pra gente não entrar, mas a gente estava com medo e não parou.

Fomos entrando, correndo, e passamos pela cozinha, que estava cheia de escravas, e mais dona Santa, e passamos pelo corredor, que era bem comprido, e entramos pela porta da sala, sempre correndo, com os marimbondos atrás.

Levamos o maior susto: a sala estava cheia. Aqueles homens e rapazes que a gente via entrar na casa, e que sempre estavam nos saraus, recitando versos, estavam todos lá, de pé, em volta da mesa. E na mesa havia um grande pano branco com um triângulo vermelho e umas coisas escritas.

Eles estavam falando, mas quando nos viram ficaram mudos e até pareciam assustados.

Mas eu e Carolina não queríamos saber de nada. Só queríamos escapar dos marimbondos que ainda zuniam atrás de nós.

Então eu, que vinha na frente, abri a porta e saí correndo pela rua, cheguei na minha casa, com a Carolina atrás.

Felizmente a porta não estava trancada, então nós entramos e fechamos a porta depressa, e os marimbondos foram embora!

Que alívio!

Que alívio?

Que nada!

Minha mãe estava na sala.

Quando nós entramos, todas vermelhas, suadas e sujas, desarrumadas e descabeladas, ela ficou furiosa:

— Que modos são esses? De onde as senhoras estão vindo? Aonde é que foram? O que estavam fazendo na rua? Meninas não andam sozinhas na rua, vocês sabem muito bem! Vão já pra cima, vão tomar um banho, vão pôr as camisolas, que as senhoras vão jantar no quarto e vão dormir. Não quero explicações!

Nós também não queríamos dar explicação nenhuma e fomos subindo as escadas com a rapidez que podíamos, pois estávamos muito cansadas.

Depois do banho fomos para o quarto e só então começamos a comentar o que tinha acontecido:

— Você viu, Carolina, todos aqueles homens lá na sala?

— Vi sim, o que será que eles estavam fazendo?

— Sei lá! Estavam em volta da mesa, você viu, você não viu?

— Vi sim! E em cima da mesa tinha aquele pano branco, com um desenho vermelho! O que será que era aquilo, Marília?

— Não sei, mas parecia uma bandeira!

— É mesmo! E o que você acha que eles estavam falando? Você ouviu alguma coisa?

Marília ficou pensativa com a pergunta da prima:

— Olha, Carolina, eu não sei o que estava acontecendo. Mas acho que a gente não deve contar pra ninguém! É um segredo que nós duas vamos ter que guardar.

— Mas por quê, Marília? O que foi que você ouviu?

Marília ficou pensando mais um pouquinho e depois respondeu:

— Não sei não, Carolina. Mas eu acho que ouvi a palavra *Independência*.

Um pouquinho mais de história

Texto de Anna Flora

Esta história da Marília se passou no Brasil há muito, muito tempo... há mais de duzentos anos... Em uma cidade que se chamava Vila Rica, em Minas Gerais.

Naquela época, Vila Rica tinha esse nome porque era rica mesmo: tinha uma porção de minas de ouro! Por isso é que este lugar ficou conhecido como "as minas gerais".

No livro tem um trecho em que Marília visitou um garimpo — "garimpo" é o nome do lugar de onde se tira o ouro — e viu que quando o ouro sai de dentro da terra ele não é dourado como a gente pensa, ele é todo preto. Olha só como ele é:

Naquele tempo, quem trabalhava nas minas e nos garimpos eram os negros que vinham da África. Eles eram maltratados e não recebiam dinheiro nenhum para trabalhar. Eram escravos.

Sabe para onde ia tanto ouro? Para Portugal. Porque, naquele tempo, a rainha portuguesa, chamada D. Maria I, é quem mandava no Brasil.

Os brasileiros não podiam fazer uma porção de coisas: estavam proibidos de escrever o que pensavam nos jornais e nos livros. Aliás, nem podiam publicar livros aqui.

Se um brasileiro montasse alguma fábrica, a maior parte do que era fabricado tinha que ser vendido para Portugal.

E tem mais! Os brasileiros não podiam escolher quem os governasse. Não é como hoje que a gente escolhe prefeito, governador e presidente.

Ah!... e sabe o que também não podia? Quem quisesse continuar os estudos era obrigado a ir para uma universidade portuguesa. Era muito caro estudar e morar em outro país. Então, só os moços brasileiros das famílias mais ricas é que conseguiam se formar e serem médicos, advogados e engenheiros.

Por causa de tudo isso, lá em Vila Rica, um grupo de homens se revoltou contra essa situação.

Eles começaram a se reunir escondido para exigir a separação do Brasil de Portugal. Isto é, para o Brasil ficar independente, não precisar mais ter sempre que obedecer à rainha portuguesa.

Na história da Marília tem um trecho que mostra isso. É quando ela e a Carolina entram na sala correndo e veem uma porção de homens reunidos.

Marília diz: "Não sei, Carolina. Mas acho que ouvi a palavra *Independência*."

O pano branco com desenho vermelho que elas viram em cima da mesa era a bandeira dos inconfidentes, que era assim:

Há um outro trecho da história em que a Marília e a Carolina vão pra um sarau.

Naquele tempo, Vila Rica tinha muitos saraus, que são reuniões onde as pessoas tocam música e recitam versos.

Um dos grandes poetas que morava em Vila Rica, e que também participou do grupo dos que lutavam pela independência do Brasil, foi Tomás Antônio Gonzaga.

Ele escreveu uma porção de poesias lindas chamadas "Marília de Dirceu". Foram escritas para a namorada dele, Maria Doroteia Joaquina de Seixas. "Marília" foi o apelido que ele deu para ela.

Algumas partes desta poesia aparecem na história, no sarau:

"Marília bela
Do céu de estrela..."

"Graças Marília bela
graças à minha estrela!"

E a menina Marília ouve a poesia e acha que é para ela...

E há outra passagem da história em que Marília conta que em Vila Rica as meninas não estudavam. Só aprendiam a costurar, a bordar e a fazer rendas.

É que naquele tempo as meninas não eram educadas do mesmo jeito que os meninos. Só eles estudavam e depois, quando ficavam adultos, trabalhavam. As mulheres das famílias mais importantes não faziam nenhum trabalho fora de casa.

Mas, na história, Marília também conta que o pai dela quis que ela aprendesse a ler, a escrever e a tocar piano. É que o pai da Marília era um homem moderno, com ideias avançadas.

Naquela época, os planos para o Brasil se separar de Portugal não deram certo, sabe por quê? Os homens que queriam a independência foram descobertos. Muitos foram presos e obrigados a ir embora para sempre do nosso país. E um dos líderes, Joaquim José da Silva Xavier, foi morto na forca. O Brasil só conseguiu se libertar de Portugal muitos anos depois. E você quer saber como isso aconteceu?

Mas... isso é uma outra história, que fica pra próxima vez!

Iara Venanzi

Ruth Rocha

Nasci em São Paulo no tempo em que cada bairro da cidade era uma pequena cidade do interior. Cresci na Vila Mariana, onde as ruas eram tranquilas e onde o perfume das inúmeras chácaras de flores era constante. Na nossa pequena cidade, as crianças andavam sozinhas, iam à escola todas juntas, chamando os amigos de casa em casa. Nossos quintais eram cheios de frutas, e nossos jardins, cheios de flores. Não havia televisão, então, à noite nós líamos, bordávamos, conversávamos. Assim como no tempo de Marília.

Acervo pessoal

Helena Alexandrino

Sempre desenhei e pintei, desde menina. Quando aprendi a ler, preferia histórias que tinham ilustrações. Depois fui estudar Arte na Universidade de São Paulo e comecei a ilustrar livros para crianças.

Agora sou autora e ilustradora de livros infantis, e já recebi muitos prêmios pelo meu trabalho no Brasil e em outros países, como Itália, Alemanha, Espanha e Japão.

Gosto da Marília, menina que a Ruth inventou neste livro: arrojada, sensível, e que ama a liberdade.